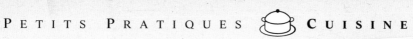

S0-BYB-671

Cuisine minceur

ÉLISA VERGNE

PHOTOS
LAURENT BIANQUIS

HACHETTE

SOMMAIRE

INTRODUCTION

Les légumes verts sous toutes leurs formes sont le premier atout minceur.

Conserver la minceur innée ou acquise n'est pas toujours facile, chaque organisme réagissant d'après son métabolisme — qui n'est pas le même que celui du voisin ou de la voisine. Si donc vous souhaitez vous maintenir au poids atteint que vous jugez idéal ou pour le moins satisfaisant, il est nécessaire de vous nourrir en exerçant un contrôle sur les aliments que vous absorbez. Le compte des calories est certes déjà une indication mais, attention, à calories égales, la composition et la qualité des aliments n'est pas la même. Ce qui importe c'est de connaître approximativement leur teneur en protéines, en lipides (graisses) et en glucides (sucres) ; après seulement s'établit (éventuellement) l'addition en calories. Un bon équilibre nutritionnel et une alimentation variée et régulière sont les règles de base. Ne sautez pas de repas, surtout pas le petit déjeuner ! Ne supprimez pas telle ou telle catégorie d'aliments. L'homme est omnivore et doit (et non peut) manger de tout ; son organisme a besoin de protéines, de lipides d'origines animale et végétale, de glucides lents, de toutes les vitamines et de tous les sels minéraux présents dans les aliments.

LES BESOINS ÉNERGÉTIQUES

Les besoins énergétiques sont très variables selon les individus. On donne couramment les bases suivantes : pour un homme adulte de 70 kg, au repos, on préconise un apport quotidien de 2 000 Kcal/8 360 Kjoules ; pour le même individu sédentaire : 2 500 Kcal/10 450 kjoules ; effectuant un travail léger : 3 000 Kcal/12 540 Kjoules ; effectuant un travail moyen : 3 500 Kcal/14 630 Kjoules.

Cela n'est qu'une base, répétons-le encore une fois, et chaque personne a ses habitudes, ses besoins et ses capacités propres. Il faut aussi tenir compte dans votre bilan de tous les à-côtés : le pain, le vin, le sucre dans le café, les petits gâteaux grignotés en milieu d'après-midi, les fruits grappillés au hasard des petits creux, etc.

UNE ALIMENTATION ÉQUILIBRÉE

Une alimentation bien équilibrée doit apporter à l'organisme tous les éléments dont il a besoin. On peut les ranger en trois grandes catégories :
• Les protides, que l'on trouve essentiellement dans les viandes, les poissons, les œufs et les produits laitiers, contiennent les neuf acides aminés essentiels ; ils sont indispensables.
• Les lipides ne sont rien d'autre que les graisses, ils sont également à éviter le plus possible sous leur forme visible. Ils ne peuvent être supprimés totalement puisque tous les protides d'origine animale en contiennent. Il n'est pas pour autant nécessaire, ni même souhaitable, d'éliminer complètement ni l'huile ni le beurre — qui doivent être maintenus en quantité minime en raison de leurs qualités spécifiques : le beurre cru notamment apporte de la vitamine A.

Teneur de certains aliments en protides, lipides, glucides et kilocalories pour 100 g de la partie comestible crue

	Protides	Lipides	Glucides	Kcal
Abricot	0,8	0,1	10	44
Agneau (moyenne)	18	20	0	252
Amandes effilées	19	53,5	4,5	575
Ananas frais	0,5	0,4	11,6	52
Artichaut cuit	2,1	0,2	6,8	37
Asperge	2,7	0,3	3	25
Aubergine cuite	1	0,2	3,2	18
Avocat	1,9	22,2	3,4	220
Beurre	0,7	83	0,4	751
Bœuf (moyenne)				
• Entrecôte	20	11	0	176
• Faux-filet	21	8	0	158
• Filet (tournedos)	20	11	0	176
• Rumsteck	20	5	0	125
Cabillaud	16	0,3	0	68
Calmar	16	1,1	2,3	83
Carotte	1	0,3	7,2	35
Céleri en branches	1,3	0,2	3,7	20
Céleri-rave	2	0,2	8,5	44
Cerise	1,2	0	17	77
Champignon	2,5	0,5	3,1	26
Chou	1,4	0,2	4,3	28
Cidre	0	0	0	35
Concombre	0,8	0,1	2,5	14
Coque	10	0,3	0	47
Cognac (après cuisson)	0	0	6,5	26
Coquille Saint-Jacques	15,6	0,5	2,8	78
Courgette	1	0,1	2,5	14
Crème fraîche	3	30	5	300
Crevette	24	1,8	0	112
Daurade	17	1	0	77
Dinde	21,9	2,4	0	109

	Protides	Lipides	Glucides	Kcal
Endive	1,1	0,1	2,7	16
Épinard	2,3	0,3	3,2	25
Farine	10	3,2	78,6	365
Fenouil	2,7	0,4	5,1	34
Fraise	0,7	1	7	36
Framboise	0,9	0,01	8	41
Fromage blanc à 0%	7,5	0,2	3,9	47
Fromage blanc à 20%	8,5	3,4	3,6	79
Fromage blanc à 40%	7,7	8	3,4	116
Grenade	0,73	0,33	14,8	65
Groseille	1,1	0,5	5	28
Gruyère	29,4	28,8	0,2	377
Haricot vert	2,5	0,2	7	40
Haricot sec	21	1,3	45	275
Huile	0	99	0	899
Jambon blanc	20	22	8	300
Jambon de Bayonne	15	30	0	335
Lait entier UHT	3,2	3,5	4,5	62
Lait 1/2 écrémé UHT	3,2	1,6	4,5	45
Lait en poudre	26	26,3	39,4	498
Lapin	20	8	0	160
Lentilles	7,6	0,5	17	102
Lieu	18	2	0	100
Limande	16	1	0	73
Lotte	17,9	0,7	0	77
Merlan	16	0,5	0	70
Miel	0,5	0,2	75	300
Morue salée	26	0,5	0,5	110
Mulet	22	7	0,5	160
Navet	0,8	0,2	3,5	19
1 œuf entier	12,6	11,3	1	156
Oignon	1,3	0,2	6,8	34
Orange	0,8	0,2	8,5	39
Pain complet	8,5	1,6	48,9	244
Papaye	0,6	0,2	10,3	45

	Protides	Lipides	Glucides	Kcal
Parmesan	35,7	26,5	0	381
Pastèque	0,4	0,2	6,7	30
Pâtes alimentaires	12,5	1,2	73,6	355
Pêche	0,5	0,1	12	50
Petit pois cuit	5,1	0,4	8,8	59
Pintade	23,2	6,4	0	150
Poire	0,4	0,3	12,8	55
Poireau	1,9	0,3	7,4	39
Poivron	1,1	0,3	3,5	21
Pomme	0,3	0,3	11,9	51
Pomme de terre	2	0,1	20	89
Porc (moyenne)	16	26,2	0	299
Potiron	0,9	0,1	4,1	20
Poulet	22,2	4	0	124
Raie	20	1	0	90
Raisin	0,6	0,7	16	73
Raisins secs	2,5	0,5	66,5	280
Riz	6,7	0,6	86,7	378
Rognon	17	6	0,5	120
Salade	1,2	0,3	1,9	15
Saumon	20	14	0	200
Saumonette	24	1	0,1	105
Semoule	13	1,5	80	375
Sole	16	1	1	73
Sucre	0	0	105	420
Thon	27	13	0	225
Tomate	0,9	0,2	3,2	18
Truite	22	7	0	150
Veau (moyenne)	18,7	6,8	0	136
Vin à 12°	0	0	0	70
Vin après cuisson	0	0	0,5	2
Yaourt velouté	5	0,1	6,5	47
Yaourt maigre	5,2	0,5	6	50
Yaourt nature	5,3	1,3	6	60
Yaourt entier	5,2	3,9	6	81

• Les glucides correspondent aux divers sucres. Ils ne sont pas à supprimer totalement mais souvent à réduire. Limitez donc au maximum l'emploi du sucre tout bête (apprenez à goûter la saveur d'un café ou d'un thé sans sucre et vous passerez pour un véritable amateur !). Les farineux et les féculents — qui ont longtemps été les bannis de toute alimentation dite « surveillée » — font une timide rentrée. Leur amidon se transforme en sucre et ils ne doivent pas être trop présents. Néanmoins certains de leurs composants sont indispensables et il est bon de les intégrer par petites quantités aux menus quotidiens. Une pomme de terre ou 2 cuillerées à soupe de riz accompagnant des légumes verts aideront à maintenir un bon équilibre et un bon transit intestinal.

Vous pouvez aussi à certains repas les remplacer par un peu de pain, complet de préférence. Attention à l'alliance de ce type d'aliments avec les graisses ! Frites et cassoulets, par exemple, ne font pas partie d'un suivi minceur.

Quant à l'apport des vitamines et des sels minéraux, les légumes frais et les fruits en sont les rois, à condition de respecter l'alternance : un cuit et un cru à chaque repas et une fois par jour un peu de pain, ou une petite portion de farineux, de céréales ou de légumes secs. En résumé, un repas bien équilibré doit comprendre un aliment du règne végétal cru, des protides du règne animal et un aliment du règne végétal cuit.

LES QUANTITÉS

Si les quantités sont prépondérantes, il est bien difficile de préconiser à coup sûr « x » grammes de protides, de glucides et de lipides par jour, d'une part parce que cela relève du domaine médical et, d'autre part, comment passer sa vie à peser, compter, analyser ? Bornons-nous à dire que les recettes sont basées sur 125 g de viande, 150 g de poisson, 200 g de légumes verts, de 100 à 150 g de fruits en moyenne, qu'il est important de varier chaque jour et qu'il faut éviter de manger de la viande deux fois dans la même journée.

Les rations sont à augmenter sans hésiter pour les adolescents ou les adultes qui ont à assumer un travail physique important, sans souci de leur ligne. L'équilibre de chacun est à respecter.

LES ALIMENTS À PRIVILÉGIER

Le choix des aliments est bien évidemment primordial. Outre qu'ils doivent être de bonne qualité afin de fournir le maximum de leurs propriétés et de leur saveur, leur composition (dans la même catégorie) n'est pas identique et certains sont donc à consommer modérément. Dans le domaine des protides, le poisson — tous les poissons — est le meilleur aliment. N'abusez ni du bœuf ni de l'agneau, ni du porc ni du canard, encore moins de l'oie. Le gibier est excellent, le foie, les rognons, le lapin, la dinde, la pintade, le poulet font partie des viandes les moins grasses, surtout si vous prenez soin d'ôter la graisse visible.

Tous les légumes verts conviennent parfaitement. N'excluez pas les légumes secs, les farineux ou les céréales mais consommez-les en quantités très modérées et en évitant les assaisonnements chargés en crème, fromage ou beurre. Le jour où vous dégustez ce type d'aliment, n'hésitez pas à supprimer le pain qui n'apporte rien de plus.

Soyez très prudents au niveau des fruits secs et des oléagineux : un abricot sec ne vous nuira pas mais un paquet de cacahuètes aura des conséquences néfastes. Et n'oubliez pas la salade verte riche en fibres et en vitamines.

Au chapitre des desserts, évitez le plus possible les pâtisseries et les glaces très riches en sucres et en graisses ; il ne s'agit pas là d'un type d'aliment nécessaire à l'organisme, mais de créations proposées par l'homme… pour assouvir quels obscurs désirs ?

Au rayon des produits laitiers, n'optez pas systématiquement pour les produits allégés : mieux vaut consommer 10 g de vrai beurre que 30 g de pâte allégée à tartiner. Les yaourts nature (et non pas entiers) n'offrent pas une grosse différence calorique avec les yaourts maigres et un huitième de camembert est plus intéressant au palais qu'une tranche de tomme à 20%.

Même « classique » un légume frais révèle une exquise saveur.

LES MODES DE CUISSON

Certains modes de cuisson ne sauraient avoir droit de cité régulièrement : la friture, les « bains » de beurre, ou de margarine, sont évidemment éliminés. Mais « cuisiner minceur » n'est pas difficile si vous savez utiliser les ustensiles adéquats.

La grillade peut se révéler une merveille — tant pour le poisson que pour les crustacés, la viande et les volailles. Utilisez soit un gril à revêtement antiadhésif, soit un gril en fonte (dans ce cas, huilez-le légèrement avec un pinceau pour les volailles et les poissons) ou encore le gril du four. Ayez toujours un ustensile réservé à la seule cuisson des poissons, des mollusques et des crustacés dont l'odeur est persistante. Parsemez les aliments à griller d'herbes aromatiques, frottez-les d'épices, arrosez-les de jus de citron au moment de servir et le tour est joué.

Les poêles, les sauteuses et les casseroles à revêtement antiadhésif ne sont nullement nocives comme on l'avait cru à une certaine époque. Veillez simplement à ce qu'elles restent en bon état ; pour cela, utilisez exclusivement des cuillères et des spatules en bois, et ne les frottez pas avec une éponge métallique. Vous pourrez ainsi les employer quotidiennement sans y mettre un gramme de matière grasse pour faire sauter, poêler ou braiser viandes, poissons ou légumes.

Le cuit-vapeur, composé d'une base genre faitout (pour contenir l'eau) et d'un ou deux compartiments perforés superposés dans lesquels sont placés les aliments, est parfait, notamment pour les légumes qui ainsi gardent toute leur saveur et ne sont pas gorgés d'eau, ou pour la cuisson de n'importe quel ingrédient enveloppé dans une papillote (viande, volaille, poisson) — et qui cuit ainsi dans son propre jus. Les cocottes en terre poreuse permettent de réussir tout à la fois des cuissons à l'étouffée ou des rôtis. Aucune matière grasse n'est nécessaire car la vapeur dégagée par les aliments eux-mêmes et par la cocotte est suffisante. Cet ustensile est particulièrement précieux pour la cuisson des viandes sèches (faisan, pintade) qui, d'ordinaire, exigent d'être soigneusement bardées.

DE L'ASSAISONNEMENT

Le parfum des fines herbes et des épices est bien préférable à celui, banal et énergétique, de l'huile et du beurre cuits. Mais n'hésitez pas à déposer une noix de beurre cru sur vos légumes ou à arroser discrètement poissons ou légumes (d'un filet) d'huile d'olive.

Entiers ou pressés, mangez toujours des fruits.

Utilisez si possible du poivre en grains — et un bon moulin — beaucoup plus parfumé que le poivre vendu tout moulu, trop souvent éventé.

Si vous souhaitez utiliser du sel aromatisé (aux plantes par exemple), employez-le après la cuisson pour que ses parfums ne soient pas atténués.

Pour les salades, alternez la vinaigrette classique (en optant pour une huile riche en acides polyinsaturés : tournesol ou maïs et un peu d'huile d'olive) avec une sauce composée de 1 cuillerée à café de moutarde, de sel, de poivre, de 2 cuillerées à soupe de jus de citron ou de bon vinaigre et de 2 ou 3 cuillerées à soupe de yaourt nature.

Pour dégraisser les sauces, le plus facile est de les verser dans un récipient haut et étroit et de les laisser reposer quelques minutes : la graisse remontant rapidement à la surface, vous pourrez alors la retirer avec une cuillère.

AH ! LA PRÉSENTATION

N'oubliez pas que la présentation joue un rôle extrêmement important et qu'une table bien mise, un joli plat, un mets moulé, quelques feuilles de salade, une touche de couleur (tomate, olives, lanières de poivron, fines herbes, œuf dur, etc.) font plus pour la satisfaction des yeux et du palais qu'une préparation compliquée mais informe. Ainsi sont faits les êtres humains…

TOMATES À LA MENTHE

Pour 4 personnes
Préparation : 10 min
Une portion contient environ : 62 kcal
Protides : 3 g • Lipides : 2 g • Glucides : 8 g

4 belles tomates bien mûres • **1 yaourt velouté**
1 gousse d'ail • **2 échalotes** • **2 branches de**
menthe fraîche • **1/2 citron** • **3 branches de persil**
plat • **1/2 cuil. à café de sauce worcestershire** •
sel, poivre

1. Lavez et essuyez les tomates ; ôtez le pédoncule. Coupez-les en huit, disposez-les sur un plat.
2. Épluchez l'ail et les échalotes. Lavez et épongez la menthe et le persil. Effeuillez le persil. Pressez le demi-citron.

3. Versez dans le bol du mixeur le yaourt, l'ail, les échalotes, le persil, 10 feuilles de menthe, le jus de citron ainsi que la sauce worcestershire. Salez et poivrez, puis faites fonctionner l'appareil jusqu'à l'obtention d'une préparation homogène.
4. Posez sur les tomates quelques feuilles de menthe et nappez-les de la préparation contenue dans le bol du mixeur. Servez frais.

CONSEIL : *pour cette recette, choisissez des tomates de saison, à pleine maturité.*

CONCOMBRE AU YAOURT

Pour 4 personnes
Préparation : 15 min
Une portion contient environ : 70 kcal
Protides : 4 g • Lipides : 2 g • Glucides : 9 g

2 concombres bien fermes • **2 yaourts veloutés** •
1/2 citron • **1 belle orange** • **1 pincée de semoule
d'ail** • **1 cuil. à café d'estragon haché** • **sel, poivre**

1. Pelez les concombres et prélevez la chair
avec une cuillère à racines (ou à pommes pa-
risiennes) pour obtenir des petites boules.
2. Pressez le demi-citron. Versez les yaourts
dans un bol, ajoutez-y le jus de citron, la semoule d'ail et l'estragon. Salez, poivrez et
mélangez bien le tout.
3. Lavez et essuyez l'orange, puis coupez-la
en tranches fines.

4. Placez les boules de concombre dans un saladier, entourez-les des rondelles d'orange et
nappez la préparation de la sauce contenue
dans le bol. Portez à table sans attendre.

CONSEIL : *vous pouvez utiliser les restes des concombres dans une salade ou dans une soupe.*

SALADE GAZPACHO

Pour 6 personnes
Préparation : 15 min • **Réfrigération : 2 h** •
Dégorgement : 1 h
Une portion contient environ : 117 kcal
Protides : 2 g • Lipides : 9 g • Glucides : 7 g

1 concombre • 2 belles tomates • 1 poivron vert •
1 poivron rouge • 1 oignon rouge • 2 gousses d'ail •
2 cuil. à soupe de moutarde à l'ancienne • 1 cuil. à
soupe de vinaigre de vin • 3 cuil. à soupe d'huile
d'olive • 1 cuil. à soupe de menthe hachée • sel,
poivre

1. Pelez le concombre à l'aide d'un couteau
économe, coupez-le en rondelles. Disposez-
les dans une passoire en les étalant bien, poudrez de sel et laissez dégorger 1 h.

2. Ébouillantez les tomates, pelez-les, puis
coupez-les en tranches. Pelez l'oignon, coupez-le en rondelles et défaites celles-ci en anneaux. Lavez les poivrons, ôtez le pédoncule,
les graines et les filaments blancs, puis coupez
la pulpe en lanières.

3. Pelez l'ail, passez-le au presse-ail. Mélangez
l'ail, la moutarde, le vinaigre, du sel et du poivre dans un bol. Ajoutez l'huile.

4. Rincez et épongez les rondelles de concombre. Mélangez-les avec les tranches de tomate, les anneaux d'oignon et les lanières de
poivron dans un saladier. Battez la sauce à la
fourchette et nappez-en les légumes.

5. Mettez la préparation au réfrigérateur et
laissez-la 2 h. Au moment de servir, parsemez
la salade de menthe hachée.

SALADE BRUMAIRE

Pour 4 personnes
Préparation : 15 min
Une portion contient environ : 100 kcal
Protides : 5 g • Lipides : 4 g • Glucides : 21 g

**250 g de raisin blanc à gros grains • 4 endives •
1 pomme granny smith • 1 jaune d'œuf • 1 cuil.
à soupe de moutarde à l'ancienne • 3 cuil. à
soupe de jus de citron • 1 yaourt velouté • 1 cuil.
à soupe de cerfeuil haché • sel, poivre**

1. Lavez le raisin, égrenez-le, puis pelez les
grains et retirez-en les pépins. Supprimez la
première feuille des endives si elle vous pa-
raît abimée. Essuyez-les et coupez-les en
morceaux. Pelez la pomme, coupez-la en
dés, puis arrosez-la avec 1 cuillerée à soupe
de jus de citron.

2. Mélangez la moutarde, le jaune d'œuf, le
yaourt et le reste du jus de citron. Salez et
poivrez.

3. Mettez le raisin, les endives et la pomme
dans un saladier. Arrosez avec la sauce, mélangez soigneusement. Parsemez de cerfeuil
et servez.

COQUILLES SAINT-JACQUES MARINÉES

Pour 4 personnes
Marinade : 30 min • Préparation et cuisson : 10 min
Une portion contient environ : 129 kcal
Protides : 15 g • Lipides : 5 g • Glucides : 6 g

12 noix de coquilles Saint-Jacques • 1 petit bouquet de ciboulette • 1 bouquet de cerfeuil • 1 citron + 6 cuil. à soupe de jus • 1 cuil. à soupe d'huile d'olive • sel, poivre

1. Supprimez le petit boyau noir autour des noix de Saint-Jacques. Rincez-les, épongez-les, coupez-les en deux disques.

2. Mélangez l'huile d'olive, le jus de citron, une pincée de sel et de poivre. Arrosez les tranches de coquilles Saint-Jacques de cette préparation, couvrez et laissez mariner pendant 30 min.

3. Pendant ce temps, lavez la ciboulette, égouttez-la et hachez-la. Lavez, épongez le cerfeuil et ôtez-en les tiges centrales. Lavez, essuyez le citron, coupez-le en fines rondelles et recoupez-les en deux.

4. Disposez la chair et le corail dans une sauteuse antiadhésive, puis faites cuire à feu doux 1 min de chaque côté. Disposez les coquilles sur 4 assiettes. Versez la marinade dans la sauteuse. Grattez quelques secondes avec une spatule.

5. Versez le jus de cuisson sur les coquilles. Entourez-les d'un ruban de ciboulette hachée, du citron. Posez quelques brins de cerfeuil. Servez tiède.

VARIANTE : *si vous voulez servir les coquilles crues, coupez-les en rondelles très fines, disposez-les sur les assiettes, arrosez-les de marinade et laissez-les macérer 30 min.*

TARTARE DE DAURADE À LA GRENADE

Pour 4 personnes
Préparation : 10 min ▪ **Macération : 30 min**
Une portion contient environ : 206 kcal
Protides : 27 g ▪ Lipides : 6 g ▪ Glucides : 11 g

les filets de 1 daurade de 1 kg ▪ **2 grenades** ▪ **250 g de trévise** ▪ **1 cuil. à soupe d'huile d'olive** ▪ **4 cuil. à soupe de jus de citron** ▪ **sel, poivre**

1. Rincez les filets de daurade et séchez-les dans du papier absorbant. Coupez-les en tranches de 2 cm de large et recoupez-les en carrés.
2. Mettez les carrés de poisson dans une assiette. Salez-les et poivrez-les. Arrosez-les avec le jus de citron et l'huile d'olive et laissez-les macérer 30 min.
3. Pendant ce temps, nettoyez la salade, lavez-la, puis épongez-la. Coupez les grenades en deux et passez-en 1 au presse-agrumes pour en extraire le jus. Retirez la pulpe et les graines de la seconde grenade avec une petite cuillère.
4. Tapissez le tour d'un plat avec la salade. Égouttez le poisson et disposez-le au centre du plat, puis arrosez-le de jus de grenade. Éparpillez les graines et la pulpe de grenade sur la salade et sur le poisson. Servez.

SALADE DE FENOUIL AUX CREVETTES

Pour 4 personnes
Préparation et cuisson : 15 min
Une portion contient environ : 77 kcal
Protides : 12 g • Lipides : 1 g • Glucides : 5 g

4 petits bulbes de fenouil • 150 g de crevettes décortiquées • 1 yaourt velouté • 2 branches d'aneth frais • 1 cuil. à café de moutarde • 1 cuil. à soupe de jus de citron • 1 pincée de sucre • sel, poivre

1. Coupez la base et les tiges dures du fenouil. Mettez de côté les petites feuilles vertes. Coupez les bulbes de fenouil en tranches et lavez-les. Faites-les cuire 5 min dans un cuit-vapeur.
2. Mélangez la moutarde, le sucre, le yaourt et le citron. Salez légèrement et poivrez.

3. Lorsque le fenouil est cuit, mais encore ferme, passez-le sous l'eau froide pour le rafraîchir. Égouttez-le soigneusement.
4. Mettez le fenouil dans un saladier avec les crevettes.
5. Hachez l'aneth et les feuilles vertes du fenouil mises de côté. Ajoutez-les au fenouil. Nappez avec la sauce, mélangez délicatement et gardez au frais jusqu'au moment de servir.

CONSEIL : *si vous appréciez l'anis, vous pouvez accentuer le parfum de la sauce en y ajoutant 1 cuillerée à café de pastis.*

PAPAYES FARCIES AUX CREVETTES

Pour 4 personnes
Préparation : 10 min
Une portion contient environ : 81 kcal
Protides : 7 g • Lipides : 1 g • Glucides : 11 g

2 papayes • 1 citron vert • 100 g de crevettes décortiquées • 1 poivron rouge en boîte • 1 cuil. à café de moutarde forte • 1/2 yaourt velouté • quelques gouttes de sauce Tabasco (piment liquide)

1. Ouvrez les papayes en deux dans leur longueur. Ôtez les graines avec une petite cuillère. Détachez la chair avec un couteau à pamplemousse, en laissant 2 ou 3 mm de pulpe contre l'écorce.
2. Coupez la chair des papayes en petits cubes. Coupez le citron vert en deux ; prélevez-en 4 rondelles fines, mettez-les de côté ; pressez le reste du citron. Arrosez les cubes de papayes avec le jus obtenu. Hachez le poivron rouge au couteau.
3. Mettez la moutarde dans une jatte. Ajoutez le yaourt et la sauce Tabasco. Mélangez papayes, crevettes et poivron à cette sauce, puis garnissez-en les écorces. Décorez chacune d'elles avec 1 rondelle de citron et servez frais.

VARIANTE : *vous pouvez éventuellement remplacer les papayes par des petits melons à peine sucrés.*

MOUSSE D'AUBERGINES

POIVRONS EN SALADE

Pour 6 personnes
Préparation : 10 min • **Cuisson : 30 min** •
Réfrigération : 12 h
Une portion contient environ : 111 kcal
Protides : 5 g • Lipides : 3 g • Glucides : 13 g

1 kg d'aubergines • **2 gros poivrons rouges** •
2 yaourts veloutés • **3 cuil. à soupe de xérès sec** •
2 gousses d'ail • **2 1/2 cuil. à soupe de gélatine en
poudre** • **3 cuil. à soupe de vinaigre de vin à
l'estragon** • **sel** • **POUR SERVIR : 2 tomates**

1. Posez les aubergines et les poivrons à 12 cm
du gril du four et faites-les cuire de 20 à
30 min selon leur grosseur en les tournant
deux ou trois fois avec une fourchette à long
manche. Pelez l'ail et passez-le au presse-ail.
2. Versez le vinaigre et le xérès dans une petite casserole, ajoutez la gélatine et laissez-la
gonfler 2 min. Faites ensuite chauffer à feu
très doux en remuant sans cesse jusqu'à ce
que la gélatine soit totalement dissoute.
3. Pelez les poivrons, ôtez le pédoncule et les
graines. Coupez les aubergines en deux et retirez la pulpe. Mettez la pulpe des aubergines et
la pulpe des poivrons dans le robot, ajoutez
l'ail et mixez. Ajoutez la gélatine fondue et les
yaourts. Salez. Mélangez très soigneusement.
4. Versez la préparation dans une petite terrine rectangulaire, lissez la surface. Laissez
prendre 12 h au réfrigérateur.
5. Au moment de servir, passez la lame d'un
couteau entre le récipient et son contenu et
retournez la terrine sur un plat. Décorez avec
des rondelles de tomate.

CONSEIL : *si vous n'avez pas de gélatine en poudre, faites tremper 5 feuilles de gélatine dans de
l'eau froide pendant 5 min, essorez-la puis
ajoutez-la au vinaigre et au xérès tièdes.*

Pour 4 personnes
Préparation et cuisson : 30 min •
Marinade : 3 h au moins
Une portion contient environ : 116 kcal
Protides : 2 g • Lipides : 8 g • Glucides : 9 g

4 poivrons rouges • **3 cuil. à soupe de vinaigre
de vin** • **2 cuil. à soupe d'huile d'olive** • **1 cuil. à
café de sucre** • **sel, poivre**

1. Posez les poivrons sur la grille du four et faites-les griller à 12 cm de la rampe du gril pendant environ 20 min, en les tournant deux ou
trois fois, avec une fourchette à long manche.
2. Lorsque la peau est noire et boursouflée,
pelez les poivrons, retirez le pédoncule, les
graines et les filaments blancs, coupez la
pulpe en lanières. Mettez-les dans un ravier.
3. Mélangez le sucre, le vinaigre, du sel et du
poivre, puis ajoutez l'huile. Versez cette préparation sur les poivrons, remuez et laissez mariner au réfrigérateur pendant 3 h au moins.

*Au premier plan : poivrons en salade.
À l'arrière-plan : mousse d'aubergines.*

RAIE AUX POMMES VERTES

Pour 4 personnes
Préparation et cuisson : 30 min
Une portion contient environ : 314 kcal
Protides : 38 g • Lipides : 6 g • Glucides : 27 g

800 g de raie en 4 morceaux • **50 cl de cidre brut** • **2 oignons** • **4 pommes granny smith** • **2 cuil. à soupe de persil plat** • **1 jaune d'œuf** • **20 g de beurre** • **1 cuil. à soupe de moutarde forte** • **1 feuille de laurier** • **sel, poivre**

1. Épluchez les oignons, hachez-les finement. Mettez-les dans une grande sauteuse. Rincez la raie et posez-la sur les oignons. Salez et poivrez. Ajoutez le laurier et le cidre. Couvrez et faites cuire pendant 20 min sans laisser bouillir.
2. Pendant ce temps, épluchez les pommes et coupez-les en lamelles épaisses. Faites fondre le beurre dans une sauteuse à revêtement antiadhésif. Faites-y blondir les pommes 10 min. Salez et poivrez.
3. Égouttez la raie avec une spatule à fentes, ôtez les deux peaux et mettez-la dans un plat de service. Entourez-la des lamelles de pomme.
4. Filtrez le jus de cuisson de la raie dans une passoire tapissée d'une mousseline, puis versez-le dans la sauteuse où ont cuit les pommes. Faites bouillir à feu vif, jusqu'à ce qu'il ne reste plus que 25 cl de liquide.
5. Mélangez le jaune d'œuf et la moutarde. Ajoutez-les dans la sauteuse, hors du feu, en mélangeant vivement. Ajoutez le persil haché. Nappez le poisson de sauce et servez aussitôt.

LIEU JAUNE AUX CÂPRES

Pour 4 personnes
Préparation et cuisson : 15 min
Une portion contient environ : 119 kcal
Protides : 21 g • Lipides : 3 g • Glucides : 2 g

4 tranches de lieu jaune de 150 g chacune • **2 cuil. à soupe de câpres** • **1 cuil. à soupe de persil plat haché** • **1 cuil. à soupe de ciboulette hachée** • **1 yaourt velouté** • **1 jaune d'œuf** • **2 cuil. à soupe de jus de citron** • **1 feuille de laurier** • **3 grains de poivre** • **sel, poivre**

1. Rincez les tranches de lieu sous l'eau courante. Posez-les côte à côte dans une grande sauteuse. Ajoutez le laurier et le poivre. Salez. Couvrez d'eau froide. Faites chauffer à feu doux et laissez frémir pendant 10 min.
2. Pendant ce temps, faites tiédir le yaourt à feu doux dans une petite casserole. Salez et poivrez. Mélangez le jaune d'œuf et le jus de citron. Versez-les dans la casserole en fouettant vivement et continuez à fouetter, jusqu'à ce que la sauce frémisse à peine. Ajoutez les câpres, le persil et la ciboulette.
3. Égouttez le poisson avec une spatule à fentes. Disposez-le sur un plat de service, puis nappez de sauce et servez sans attendre.

CONSEIL : *si vous possédez un four à micro-ondes, vous pouvez y faire chauffer le yaourt à pleine puissance pendant 30 secondes sans risque de le voir se décomposer.*

Au premier plan : raie aux pommes vertes.
À l'arrière-plan : lieu jaune aux câpres.

LIMANDES GRILLÉES AU CIDRE

Pour 4 personnes
Préparation et cuisson : 20 min
Une portion contient environ : 201 kcal
Protides : 36 g • Lipides : 5 g • Glucides : 3 g

**2 limandes-soles de 600 g chacune • 4 échalotes •
10 cl de cidre brut • 100 g de crevettes
décortiquées • 1 cuil. à soupe de câpres • 1 cuil. à
soupe de cerfeuil haché • 1 cuil. à soupe de
ciboulette hachée • 1 cuil. à café d'estragon
haché • 1 cuil. à soupe de crème fraîche • sel,
poivre • POUR SERVIR : 4 crevettes bouquets**

1. Pelez les échalotes et hachez-les finement.
Videz les limandes, coupez les nageoires et la
queue avec des ciseaux de cuisine, puis rincez-
les et épongez-les.

2. Recouvrez la lèchefrite du four d'aluminium ménager, posez-y les limandes, salez et
poivrez. Placez-les à 12 cm du gril et faites-les
cuire 6 min de chaque côté en les retournant
avec une spatule large.

3. Versez le cidre dans une casserole, ajoutez-y
les échalotes et faites chauffer à feu doux 5 min.
Puis, ajoutez les crevettes décortiquées, la
crème, les câpres, et laissez chauffer 2 ou 3 min.
Salez et poivrez.

4. Disposez les limandes sur un plat de service.
Arrosez-les avec le contenu de la casserole, parsemez de cerfeuil, de ciboulette et d'estragon,
garnissez avec les crevettes bouquets et servez.

CONSEIL : *achetez du cidre en flacon de 25 cl ;
vous pourrez conserver le reste au réfrigérateur
pendant 48 h.*

LOTTE AU FENOUIL

Pour 4 personnes
Préparation : 15 min • Cuisson : 35 min
Une portion contient environ : 238 kcal
Protides : 35 g • Lipides : 6 g • Glucides : 11 g

800 g de lotte • 750 g de fenouil • 250 g de carottes • 1 cuil. à soupe d'huile d'olive • 1 oignon • 10 cl de vin blanc sec • 1 cuil. à café de curry • 10 g de beurre • sel, poivre

1. Pelez et hachez finement l'oignon. Épluchez les carottes, puis coupez-les en bâtonnets très fins. Ôtez les tiges et la base dure des bulbes de fenouil, et coupez les bulbes en lamelles.

2. Lavez, épongez, puis coupez la lotte en huit morceaux. Faites-les revenir à feu vif, 3 min de chaque côté, dans une sauteuse à revêtement antiadhésif. Retirez-les avec une écumoire et laissez-les en attente sur une assiette. Jetez le jus de la sauteuse.

3. Faites chauffer l'huile dans la sauteuse. Ajoutez l'oignon, le fenouil, les carottes et 2 cuillerées à soupe d'eau. Couvrez et laissez cuire à feu doux 10 min, en remuant de temps en temps.

4. Ajoutez le curry, du sel et du poivre. Arrosez avec le vin blanc, mélangez, placez les morceaux de lotte sur les légumes, salez-les et poivrez-les. Couvrez et laissez cuire à feu très doux 20 min.

5. Déposez la lotte dans un plat. Ajoutez le beurre aux légumes, mélangez, disposez-les autour du poisson et servez.

MIXED-GRILL À LA JAPONAISE

Pour 4 personnes
Préparation et cuisson : 45 min
Une portion contient environ : 506 kcal
Protides : 42 g • Lipides : 18 g • Glucides : 44 g

4 tranches de poisson à chair ferme blanc de 150 g
chacune • 1 litre de coques • 12 grosses queues de
crevettes bouquets • 500 g de champignons •
1 concombre • 4 tomates fermes • quelques
feuilles de salade • 150 g de riz basmati • 2 cuil. à
soupe de sauce de soja • 1 cuil. à café de raifort en
pot • 6 cuil. à soupe de jus de citron • 2 pincées de
sucre • 1 cuil. à café d'huile • sel, poivre

1. Ôtez la peau et les arêtes du poisson. Coupez
les tranches en 4. Lavez les coques. Nettoyez, puis
coupez les champignons. Pelez le concombre en

retirant 1 bande sur 2. Coupez-le en rondelles et
les tomates en tranches. Lavez la salade.
2. Faites cuire le riz et sauter les champignons jusqu'à
ce qu'ils ne rendent plus d'eau. Salez, poivrez.
3. Ouvrez les coques sur un gril en fonte chaud
et griller les crevettes 2 min de chaque côté.
4. Faites cuire le poisson sur un gril à revêtement antiadhésif huilé 3 min de chaque côté.
5. Tapissez un plat avec les rondelles de concombre. Posez dessus le poisson grillé. Salez et
poivrez, arrosez avec 2 cuillerées à soupe de jus
de citron. Disposez la salade, les tomates, les
crevettes et les coques sur un autre plat. Mettez
les champignons et le riz dans des jattes.
6. Mélangez la sauce de soja avec le reste du
jus de citron et le sucre. Ajoutez le raifort, versez dans une saucière. Portez le tout à table.

GAMBAS SAUTÉES

Pour 4 personnes
Préparation et cuisson : 20 min
Une portion contient environ : 197 kcal
Protides : 32 g • Lipides : 5 g • Glucides : 6 g

20 grosses gambas • 2 carottes • 4 blancs de poireaux • 2 branches de céleri • 2 cuil. à soupe de jus de citron • 3 cuil. à soupe de cognac • 1 cuil. à soupe de crème fraîche épaisse • 1 pincée de thym • 1 pincée de piment • sel, poivre

1. Pelez les carottes, passez-les sur une grosse râpe. Nettoyez les blancs de poireaux, coupez-les en quatre et recoupez-les en lamelles. Effilez et lavez le céleri, mettez les feuilles de côté et hachez finement les côtes.
2. Placez les carottes, poireaux, côtes et feuilles de céleri dans une casserole à revête-ment antiadhésif. Ajoutez le thym et 2 cuillerées à soupe d'eau, couvrez et laissez cuire à feu très doux 20 min.
3. Rincez les gambas. Faites-les sauter à feu vif dans une sauteuse à revêtement antiadhésif jusqu'à ce qu'elles changent de couleur. Arrosez avec le cognac et flambez.
4. Mettez les gambas sur un plat. Jetez les feuilles de céleri. Versez les légumes dans la sauteuse, ajoutez citron, crème et piment. Salez et poivrez. Mélangez 2 min.
5. Versez les légumes au milieu des gambas et servez.

MARMITE DE POISSONS

Pour 4 personnes
Préparation et cuisson : 1 h
Une portion contient environ : 518 kcal
Protides : 44 g • Lipides : 4 g • Glucides : 14 g

600 g de lotte • 200 g de filets de merlan • 4 noix de coquilles Saint-Jacques • 6 poireaux • 3 carottes • 2 bulbes de fenouil • 1 jaune d'œuf • 1 citron • 2 cuil. à soupe d'aneth frais haché • sel, poivre • Pour le fumet : 1 tête de lieu ou de cabillaud • 2 branches de céleri • 2 oignons • 50 cl de vin blanc sec • 1 tablette de bouillon de volaille instantané • 6 brins de persil plat • sel, poivre

1. Coupez et lavez la partie verte des poireaux. Ôtez le cartilage central de la lotte. Rincez la tête de lieu. Épluchez et coupez les oignons en rondelles.
2. Mettez le vert des poireaux, le cartilage de la lotte, la tête de lieu, le céleri, les oignons, le persil, le vin et 50 cl d'eau dans une casserole. Portez à ébullition, ajoutez le bouillon et laissez frémir 30 min.
3. Lavez les blancs de poireaux et coupez-les en tronçons de 2 cm. Épluchez les carottes, passez-les sur une grosse râpe. Ôtez la base et les tiges dures du fenouil, coupez les bulbes en lamelles.
4. Filtrez le fumet de poisson et reversez-le dans la casserole. Portez à ébullition. Ajoutez les blancs de poireaux, les carottes et le fenouil. Laissez cuire 20 min.
5. Coupez la lotte et les filets de merlan en gros dés. Coupez les coquilles en deux. Mettez la lotte dans la casserole, laissez cuire 5 min, ajoutez le merlan et les coquilles et laissez cuire 5 min sans laisser bouillir.
6. Pressez le citron. Mélangez le jaune d'œuf, le jus de citron et l'aneth dans une soupière. Arrosez avec le liquide en mélangeant. Ajoutez les légumes et les poissons. Servez sans attendre.

SAUMONETTE SAUCE ROUGE

Pour 4 personnes
Préparation : 15 min • Cuisson : 1 h
Une portion contient environ : 238 kcal
Protides : 38 g • Lipides : 6 g • Glucides : 8 g

700 g de saumonette • 3 oignons • 2 poivrons rouges • 1 cuil. à soupe de persil plat • 2 cuil. à soupe de concentré de tomate • 1/2 cuil. à café de curry • 1 cuil. à soupe d'huile d'olive • 2 pincées de semoule d'ail • 2 pincées de sucre • sel, poivre

1. Épluchez les oignons, hachez-les finement. Lavez les poivrons, ôtez le pédoncule, les graines et les filaments blancs, coupez la pulpe en carrés.
2. Faites chauffer l'huile dans une sauteuse à revêtement antiadhésif. Jetez-y les oignons, les poivrons et laissez-les cuire 10 min en remuant. Ajoutez le concentré de tomate, le curry, l'ail, le sucre et 10 cl d'eau. Salez. Couvrez et laissez cuire 20 min à feu doux.
3. Rincez la saumonette, coupez-la en quatre. Ajoutez-la dans la sauteuse et couvrez, puis laissez cuire encore 20 min, en retournant le poisson à mi-cuisson.
4. Disposez le tout sur un plat, parsemez de persil haché et servez.

Au premier plan : saumonette sauce rouge.
À l'arrière-plan : marmite de poissons.

MORUE À LA PROVENÇALE

Pour 4 personnes
Trempage : 12 h
Préparation : 30 min
Cuisson : 45 min
Une portion contient environ :
249 kcal
Protides : 40 g
Lipides : 5 g
Glucides : 11 g

- **600 g de filets de morue salée**
- **500 g de tomates**
- **4 branches de céleri**
- **350 g de concombre**
- **250 g d'oignons**
- **3 poivrons rouges**
- **3 gousses d'ail**
- **1 branche de thym**
- **1 feuille de laurier**
- **1 cuil. à soupe d'huile d'olive**
- **2 cuil. à soupe de vinaigre**
- **1 cuil. à café de sucre**
- **sel, poivre**

1. Mettez les filets de morue dans une bassine d'eau froide, laissez-les dessaler pendant 12 h en renouvelant l'eau deux ou trois fois. Lorsque la morue a suffisamment dessalé, égouttez-la.

2. Lavez les poivrons, retirez le pédoncule, les graines et les filaments blancs et coupez la pulpe en carrés. Épluchez les oignons et coupez-les en lamelles. Pelez l'ail et écrasez-le. Effilez le céleri, lavez-le, hachez finement les côtes et conservez les feuilles.

3. Faites chauffer l'huile dans une sauteuse à revêtement antiadhésif. Faites-y dorer les poivrons, les oignons et les côtes de céleri pendant 10 min, en remuant souvent.

4. Ajoutez l'ail, le thym, le laurier, les feuilles de céleri, le sucre et le vinaigre. Mélangez, couvrez et laissez cuire à feu très doux pendant 10 min.

5. Pelez le concombre, coupez-le en quatre puis en petits tronçons, mettez dans une passoire, salez et laissez dégorger. Ébouillantez les tomates, coupez-les en quatre et mettez-les dans une passoire. Coupez la morue en morceaux.

6. Après 15 min, rincez le concombre et mettez-le dans le robot ménager avec les tomates et faites fonctionner l'appareil. Ajoutez la purée ainsi obtenue au contenu de la sauteuse. Portez à nouveau à ébullition.

7. Enfouissez les morceaux de morue dans la sauteuse, couvrez et laissez frémir pendant 15 min.

8. Retirez le thym, le laurier et les feuilles de céleri. Rectifiez l'assaisonnement. Disposez alors le contenu de la sauteuse dans un plat et servez brûlant.

VARIANTE : *si vous désirez donner à votre plat un air encore un peu plus « méditerranéen », à la saveur plus corsée, vous pouvez éventuellement ajouter un piment fort frais, haché. Vous pouvez aussi, en 4, ajouter 8 gousses d'ail entières non pelées.*

CALMAR FARCI

Pour 5 personnes
Préparation : 45 min • Cuisson : 1 h
Une portion contient environ : 228 kcal
Protides : 29 g • Lipides : 10 g • Glucides : 8 g

1 gros calmar de 1 kg • 100 g de jambon fumé de Paris • 2 échalotes • 1 oignon • 200 g d'épinards • 200 g d'oseille • 1 bouquet de persil plat • 1 grosse gousse d'ail • 1 œuf • 15 cl de vin blanc • 1 cuil. à dessert d'huile • 1 cuil. à soupe de pastis • sel, poivre

1. Coupez les tentacules du calmar au ras des yeux, videz-le et retirez l'os. Retirez la peau couvrant le corps et les nageoires. Coupez les nageoires, sans percer le corps. Grattez les tentacules pour ôter la peau et les petites aspérités. Lavez le corps, les nageoires et les tentacules.

2. Hachez les tentacules et les nageoires. Pelez les échalotes, l'oignon et hachez-les. Faites-les sauter 10 min dans une poêle, avec l'huile. Ajoutez le pastis, mélangez et arrêtez la cuisson.

3. Ôtez les tiges dures des épinards et de l'oseille. Lavez-les, laissez-les fondre 5 min dans une casserole. Égouttez-les et pressez-les.

4. Préchauffez le four à 170 °C (th. 5). Pelez l'ail et écrasez-le. Retirez la couenne et le gras du jambon, coupez-le en morceaux. Mettez les feuilles du persil, l'ail, le jambon, l'oseille, les épinards et le contenu de la poêle dans le bol du robot. Mixez.

5. Ajoutez l'œuf au hachis obtenu. Salez légèrement et poivrez. Emplissez le calmar avec le hachis. Posez-le dans un plat. Ajoutez le vin blanc. Couvrez d'aluminium, glissez le plat au four et laissez cuire 45 min. Servez chaud ou froid.

MULET À LA MOUSSE DE POIREAUX

Pour 4 personnes
Préparation et cuisson : 35 min
Une portion contient environ : 401 kcal
Protides : 43 g • Lipides : 21 g • Glucides : 10 g

1 mulet de 1,250 kg vidé, mais non écaillé •
500 g de blancs de poireaux • 1 citron •
6 branches d'estragon • 1 gros bouquet de
cerfeuil • 2 cuil. à soupe de crème fraîche •
1 cuil. à café de moutarde • sel, poivre

1. Introduisez 1 branche d'estragon dans l'abdomen du poisson. Mettez-le dans un plat allant au four, glissez-le à 12 cm de la rampe du gril et laissez-le cuire 15 min. Retournez et laissez cuire encore 15 min.

2. Épluchez les blancs de poireaux. Coupez-les en tronçons et lavez-les soigneusement. Mettez-les dans le compartiment perforé d'un cuit-vapeur, laissez-les cuire pendant 30 min.

3. Lavez l'estragon et le cerfeuil. Effeuillez l'estragon. Mettez les feuilles dans le robot ainsi que le cerfeuil et les poireaux. Ajoutez la crème, la moutarde et mixez. Salez et poivrez. Versez cette mousse dans une jatte.

4. Retirez la peau du poisson et faites-le glisser sur un plat. Coupez le citron en quartiers, puis entourez-en le mulet et servez, avec la mousse de poireaux à part.

FAUX-FILET À L'ANGLAISE

Pour 4 personnes
Préparation : 15 min • Cuisson : 45 min
Une portion contient environ : 356 kcal
Protides : 40 g • Lipides : 12 g • Glucides : 22 g

600 g de faux-filet sans gras • 300 g de carottes nouvelles • 300 g de navets nouveaux • 1/2 chou frisé • 300 g de haricots verts très fins • 1 boîte de consommé de bœuf (300 g) • 2 cuil. à soupe de persil plat • poivre • Pour servir : des pickles 2 cuil. à soupe de porto

1. Épluchez les carottes, les navets et coupez-les en petits bâtonnets. Ôtez les côtes dures du chou, lavez-le et coupez-le en lanières. Équeutez et effilez les haricots verts et lavez-les.

2. Plongez le chou 5 min dans de l'eau bouillante.

3. Versez le consommé de bœuf dans une casserole. Ajoutez de l'eau afin d'obtenir 1 litre de liquide, portez à ébullition, jetez-y les carottes, les navets, le chou et laissez-les cuire 15 min. Ajoutez les haricots et laissez cuire encore 15 min. Lorsque les légumes sont tendres, retirez-les avec une écumoire et tenez-les au chaud.

4. Plongez la viande ficelée dans le liquide en ébullition. Laissez-la cuire de 15 à 20 min selon son épaisseur ; égouttez-la et coupez-la en tranches. Disposez-la sur un plat, entourez avec les légumes et poivrez. Parsemez de persil haché et servez avec des pickles.

5. Filtrez le bouillon de cuisson, réchauffez-le, ajoutez le porto et servez-le dans des bols.

RÔTI DE VEAU AUX LÉGUMES

Pour 4 personnes
Préparation : 30 min • Cuisson : 2 h
Une portion contient environ : 443 kcal
Protides : 37 g • Lipides : 23 g • Glucides : 22 g

700 g de veau (sous-noix) ficelé • 500 g de carottes • 250 g d'oignons • 500 g de tomates • 4 côtes de céleri • 1 tête d'ail + 3 gousses • 1 orange non traitée • 2 branches de thym • 1 feuille de laurier • 1 cuil. à café de basilic séché • 3 cuil. à soupe de vinaigre • 20 cl de vin blanc • 20 g de beurre • sel, poivre

1. Faites tremper une cocotte en terre poreuse 15 min dans de l'eau froide. Épluchez et râpez les carottes et les oignons. Effilez le céleri, coupez-le en lamelles. Pelez les tomates, hachez-les au couteau. Pelez les 3 gousses d'ail et hachez-les. Râpez le zeste de l'orange et pressez le fruit. Séparez en gousses la tête d'ail mais ne les épluchez pas.

2. Égouttez la cocotte, sans l'essuyer. Mélangez-y tous les légumes, l'ail, le basilic et 1 branche de thym émiettée. Salez, poivrez. Posez la viande par-dessus, salez, poivrez. Frottez-la avec le reste du thym et le zeste d'orange. Versez le jus de l'orange, le vinaigre, le vin blanc et 10 cl d'eau sur les légumes. Cassez le laurier en deux et posez-le sur la viande.

3. Couvrez la cocotte et mettez-la dans le four froid. Faites cuire de 1 h 45 à 2 h, à 140 °C (th. 4).

4. Découpez la viande, disposez-la sur un plat. Ajoutez le beurre aux légumes et entourez-en la viande. Servez chaud.

GALETTES TARTARES

Pour 4 personnes
Préparation : 20 min
Réfrigération : 30 min
Une portion contient environ :
318 kcal
Protides : 33 g
Lipides : 18 g
Glucides : 6 g

- **500 g de bifteck haché**
- **2 jaunes d'œufs**
- **4 tomates**
- **8 belles feuilles de salade**
- **2 échalotes**
- **10 branches de persil plat**
- **1 bouquet de ciboulette**
- **2 cuil. à soupe de câpres**
- **1/2 cuil. à café**
  de sauce worcestershire
- **2 cuil. à soupe de cognac**
- **2 cuil. à soupe**
  de tomato ketchup
- **1 cuil. à soupe d'huile**
- **1/2 cuil. à soupe**
  de vinaigre
- **sel, poivre**

VARIANTE : *si vous en aimez le goût, employez plutôt de la viande de cheval, beaucoup moins grasse que la viande de bœuf. Faites hacher la viande devant vous, entreposez-la au réfrigérateur jusqu'au moment de l'utiliser et ce le jour même de l'achat.*

1. Pelez les échalotes et hachez-les finement. Rincez le persil et la ciboulette, épongez-les et hachez-les séparément.

2. Mettez la viande dans une jatte. Ajoutez les échalotes, le persil, les jaunes d'œufs, les câpres, la sauce worcestershire, le cognac, le tomato ketchup, du sel et du poivre. Mélangez soigneusement à la main et laissez reposer au frais pendant 30 min.

3. Lavez les tomates et coupez-les en quartiers. Mélangez l'huile et le vinaigre, puis arrosez-en les tomates. Salez-les légèrement et poivrez-les. Lavez et épongez la salade, puis tapissez-en un plat de service.

4. Séparez la viande en petites portions, roulez-les en boulettes de la taille d'une grosse noix. Aplatissez-les en forme de galettes et passez-les dans la ciboulette. Posez-les sur la salade. Entourez-les des tomates. Servez immédiatement.

LAPIN AU CIDRE

Pour 6 personnes
Préparation : 30 min
Cuisson : 1 h 20

Une portion contient environ :
335 kcal
Protides : 30 g
Lipides : 15 g
Glucides : 20 g

- **1 lapin de 1,4 kg**
- **50 g de jambon cru fumé,**
  sans gras
- **1 kg de navets**
- **5 échalotes**
- **2 gousses d'ail**
- **1 cuil. à soupe**
  de persil plat haché
- **50 cl de cidre sec**
- **2 cuil. à soupe de calvados**
- **1 cuil. à soupe de fécule**
- **1 cuil. à soupe d'huile**
- **1 cuil. à soupe**
  de cassonade
- **sel, poivre**

1. Coupez le lapin en morceaux. Pelez les échalotes et hachez-les finement. Pelez l'ail et passez-le au presse-ail. Hachez finement le jambon. Faites chauffer l'huile dans une cocotte. Faites-y blondir le lapin et les échalotes.

2. Ajoutez le jambon, faites-le revenir 1 min, en mélangeant. Poudrez de cassonade, mélangez, arrosez avec le calvados et flambez. Ajoutez 45 cl de cidre, l'ail, salez, poivrez. Portez à ébullition, couvrez et laissez frémir 1 h.

3. Pendant ce temps, épluchez les navets, lavez-les et coupez-les en morceaux. Ajoutez-les dans la cocotte après 45 min et laissez la cuisson s'achever. Quand le lapin et les navets sont cuits, mettez-les dans un plat.

4. Délayez la fécule avec 5 cl de cidre, versez dans la cocotte et faites bouillir 1 min tout en mélangeant. Nappez le lapin d'un peu de cette sauce, parsemez de persil haché, versez le reste de la sauce dans une saucière et servez chaud.

POULET AU CITRON VERT

Pour 6 personnes
Préparation : 15 min • **Repos : 3 h** • **Cuisson : 1 h 15**
Une portion contient environ : 231 kcal
Protides : 27 g • Lipides : 11 g • Glucides : 6 g

1 poulet de 1,5 kg • **5 citrons verts** • **2 carottes** • **2 oignons** • **6 branches de persil** • **6 feuilles de sauge** • **6 branches d'estragon** • **1 piment sec** • **1 bouquet de ciboulette** • **2 cuil. à soupe de crème fraîche** • **25 cl de vin blanc sec** • **2 cuil. à soupe d'huile d'olive** • **1 cuil. à café de sucre** • **sel, poivre**

1. Rincez le persil, la sauge, l'estragon, la ciboulette, épongez-les et hachez-les. Lavez 1 citron, prélevez-en le zeste. Pressez ce citron et trois autres pour obtenir 20 cl de jus. Découpez le poulet en 8 ou 10 morceaux.

2. Versez le vin, le jus des citrons et la moitié de l'huile dans un plat creux. Ajoutez les herbes, le piment, du poivre et les morceaux de poulet. Mélangez. Laissez 3 h au frais.

3. Préchauffez le four à 200 °C (th. 6). Pelez oignons et carottes, et hachez-les très finement. Faites-les blondir 5 min dans une poêle avec le reste d'huile. Poudrez de sucre et faites caraméliser.

4. Versez poulet, carottes et oignons dans un plat à four. Salez, enfournez et laissez cuire 1 h.

5. Filtrez la marinade au-dessus d'une casserole et faites-la bouillir 10 min à feu vif.

6. Quand le poulet est cuit, versez son jus et les légumes dans la casserole. Ajoutez la crème, le zeste de citron et laissez cuire 2 min.

7. Ajoutez la pulpe en dés. Servez avec la sauce.

TOURNEDOS AUX RAISINS

Pour 2 personnes
Préparation et cuisson : 10 min
Une portion contient environ : 353 kcal
Protides : 31 g • Lipides : 21 g • Glucides : 10 g

2 tournedos de 150 g chacun • **1 cuil. à soupe de crème fraîche** • **2 cuil. à dessert de raisins secs blonds** • **1 cuil. à soupe de cognac** • **1/2 cuil. à café de vinaigre de vin** • **1/2 cuil. à café de moutarde de Dijon** • **2 pincées de curry** • **sel, poivre**

1. Rincez les raisins, mettez-les dans une tasse avec le cognac et le vinaigre.
2. Faites chauffer une poêle à revêtement antiadhésif, puis faites cuire les tournedos à feu vif de 2 à 3 min de chaque côté selon que vous aimez la viande saignante ou non.
3. Retirez la viande à l'aide d'une spatule, mettez un tournedos dans chaque assiette chaude. Salez et poivrez.
4. Versez les raisins et le cognac dans la poêle. Ajoutez la crème, fraîche, la moutarde et le curry, mélangez rapidement. Nappez la viande avec la sauce et les raisins, et servez sans attendre.

◆ Accompagnez ces tournedos de tagliatelles de courgettes cuites à la vapeur.

POULET GRILLÉ AUX POIVRONS

Pour 4 personnes
Préparation et cuisson : 1 h
Une portion contient environ : 323 kcal
Protides : 36 g • Lipides : 7 g • Glucides : 29 g

4 cuisses entières de poulet • 3 poivrons rouges • 2 poivrons verts • 300 g d'oignons frais • 1 cuil. à soupe de crème fraîche • 1 cuil. à soupe d'huile d'olive • 1 cuil. à café de vinaigre • 1 cuil. à café de thym • 2 pincées de sucre • sel, poivre

1. Glissez les poivrons à 12 cm de la rampe du gril et laissez-les griller 20 min, tournez-les dès que la peau se boursoufle et noircit.
2. Pelez les oignons et coupez-les en quatre. Mettez-les dans le compartiment perforé d'un cuit-vapeur, puis couvrez et laissez-les cuire 15 min.
3. Retirez la graisse du poulet. Frottez les cuisses avec le thym. Salez et poivrez. Posez-les dans un plat allant au four.
4. Quand la peau des poivrons est grillée de tous côtés, retirez-les du four, glissez le poulet à 15 cm du gril et faites-le cuire 30 min en le retournant à mi-cuisson.
5. Pelez les poivrons, ôtez-en les graines, coupez-les en lanières.
6. Faites chauffer l'huile dans une sauteuse à revêtement antiadhésif. Mettez-y les poivrons, ajoutez 1 pincée de sucre et le vinaigre. Réchauffez les poivrons pendant 3 ou 4 min. Salez légèrement.
7. Passez les oignons au mixeur. Ajoutez 1 pincée de sucre et la crème. Salez et poivrez.
8. Disposez le poulet et les poivrons sur un plat. Jetez la graisse du plat de cuisson du poulet, versez la sauce aux oignons dans ce plat et grattez 1 min à feu doux. Versez en saucière, servez chaud.

POULET À L'ÉTOUFFÉE

Pour 6 personnes
Préparation et cuisson : 1 h 40
Une portion contient environ : 264 kcal
Protides : 42 g • Lipides : 8 g • Glucides : 6 g

1 poulet de 1,6 kg prêt à cuire • 2 oignons • 2 têtes + 2 gousses d'ail • 1 bouquet de persil plat • 2 branches d'estragon • 15 cl de cidre sec • sel, poivre

1. Faites tremper une cocotte en terre poreuse 15 min dans de l'eau froide. Ôtez la couche de graisse située au niveau du croupion du poulet.
2. Épluchez, hachez les oignons. Versez le cidre dans une casserole, ajoutez les oignons et faites bouillir à feu vif 2 min. Salez et poivrez. Laissez tiédir.
3. Pelez les 2 gousses d'ail. Séparez les gousses des têtes d'ail mais ne les épluchez pas. Lavez le persil et l'estragon. Glissez 4 branches de persil et 1 branche d'estragon à l'intérieur du poulet avec les gousses d'ail épluchées. Salez, poivrez l'intérieur du poulet.
4. Sortez la cocotte de l'eau, ne l'essuyez pas. Tapissez le fond de la cocotte du reste des branches de persil et d'estragon. Ajoutez le cidre, les oignons et l'ail non épluché. Déposez le poulet dans la cocotte, couvrez-la et glissez-la dans le four froid ; laissez cuire 1 h 15 à 225 °C (th. 7).
5. Quand le poulet est bien doré, égouttez-le au-dessus de la cocotte et posez-le sur un plat. Filtrez le jus de cuisson, écrasez les gousses d'ail avec un pilon, puis ajoutez la purée au jus. Versez en saucière et servez chaud.

Au premier plan : poulet à l'étouffée.
À l'arrière-plan : poulet grillé aux poivrons.

POTÉE DE LAPIN

Pour 6 personnes
Préparation : 30 min • Cuisson : 1 h
Une portion contient environ : 313 kcal
Protides : 32 g • Lipides : 13 g • Glucides : 17 g

1 lapin de 1,4 kg coupé en morceaux • 1 chou vert •
500 g de carottes • 300 g de navets nouveaux •
4 poireaux • 3 branches de céleri • 2 oignons •
2 gousses d'ail • 1 cuil. à café de poivre en grains •
1 branche de thym • 1 feuille de laurier • 2 clous de
girofle • 1/4 de cuil. à café de cinq-parfums chinois •
2 branches de persil • sel • POUR LA SAUCE : 1 cuil. à
soupe de crème épaisse • 1 œuf dur • 2 cuil. à soupe
de moutarde au raifort • 4 cuil. à soupe de cerfeuil

1. Pelez, puis coupez en deux les oignons et
l'ail. Mettez-les dans une marmite avec le
thym, le laurier, le persil, les clous de girofle et
le poivre en grains. Arrosez de 2 litres d'eau.
Portez à ébullition.

2. Épluchez les carottes, les poireaux et les
navets. Liez le vert des poireaux et les branches de céleri. Plongez ces légumes dans la
marmite. Ajoutez le lapin et le cinq-parfums.
Salez. Laissez frémir 1 h.

3. Ôtez le trognon et les feuilles dures du
chou. Coupez-le en huit. Faites-le cuire 30 min
dans une casserole d'eau bouillante salée.

4. La sauce : écalez l'œuf dur, écrasez le jaune,
délayez-le avec 25 cl du jus de cuisson du lapin.
Ajoutez la moutarde, la crème et fouettez. Hachez le blanc d'œuf, incorporez-le à la sauce
avec le cerfeuil haché. Versez en saucière.

5. Disposez le lapin sur les légumes égouttés.

RÔTI DE DINDE
AU POIVRE VERT

Pour 6 personnes
Préparation : 30 min • **Cuisson : 1 h 15**
Une portion contient environ : 287 kcal
Protides : 51 g • Lipides : 7 g • Glucides : 5 g

1,2 kg de blanc de dinde en un seul morceau •
2 jaunes d'œufs • **50 cl de lait** • **2 échalotes** •
10 grains de poivre vert • **3 cuil. à soupe de**
cognac • **1/4 de cuil. à café d'herbes de**
Provence • **2 branches de thym** • **1 feuille de**
laurier • **1 pincée de sarriette** • **sel, poivre**

1. Préchauffez le four à 230 °C (th. 7). Épluchez les échalotes et hachez-les très finement.
Écrasez le poivre vert. Versez le lait dans une
cocotte en fonte avec 2 cuillerées à soupe de
cognac. Ajoutez les échalotes, le poivre vert,
toutes les herbes. Salez, poivrez et mélangez.

2. Posez le blanc de dinde dans la cocotte.
Couvrez et glissez la cocotte 45 min au four ;
baissez ensuite le four à 200 °C (th. 6) et pro-
longez la cuisson de 30 min.

3. Égouttez la viande et tenez-la au chaud.
Filtrez le jus de cuisson au-dessus d'une casserole. Mélangez 1 cuillerée à soupe de cognac
avec les jaunes d'œufs, battez-les avec
3 cuillerées à soupe du jus de cuisson, puis re-
versez le tout dans la casserole en battant
toujours. Faites épaissir quelques minutes à
feu très doux en mélangeant et en évitant
l'ébullition.

4. Découpez la viande en tranches. Nappez de
sauce et servez.

PINTADE À LA COMPOTE D'AUBERGINES

Pour 4 personnes
Préparation : 20 min • Cuisson : 1 h 15
Une portion contient environ : 252 kcal
Protides : 34 g • Lipides : 8 g • Glucides : 11 g

1 pintade de 1,2 kg avec les abattis et le foie à part • 700 g d'aubergines • 125 g d'échalotes • 1 œuf • 1 branche de thym + 1 pincée • 1 feuille de laurier • 1/2 cuil. à café de cannelle • 1 pincée de semoule d'ail • 1 pincée de girofle en poudre • 5 cuil. à soupe de vinaigre de vin • sel, poivre

1. Faites tremper une cocotte en terre poreuse 15 min dans de l'eau froide.
2. Épluchez les aubergines, puis coupez-les en rondelles épaisses. Pelez les échalotes et hachez-les. Mettez 1 bonne pincée d'échalote à l'intérieur de la pintade ainsi que la branche de thym, le laurier, du sel et du poivre.
3. Égouttez la cocotte. Mettez au fond la tête, le cou, les ailerons et le gésier de la pintade. Ajoutez les aubergines et le reste des échalotes, poudrez-les de cannelle, de girofle et de thym. Salez, poivrez. Arrosez avec le vinaigre. Posez la pintade sur ce lit, couvrez, glissez la cocotte dans le four froid et laissez cuire 1 h à 170 °C (th. 5).
4. Découpez la volaille et rangez les morceaux sur un plat. Passez les aubergines, l'œuf et le foie cru de la pintade au mixeur. Ajoutez le jus de cuisson. Versez en saucière et servez chaud.

CONSEIL : *si la pintade est un peu grasse, ôtez la graisse apparente avant la cuisson. Notez qu'il vaut mieux payer plus cher une volaille Label rouge élevée en plein air, elle se révélera plus savoureuse et moins aqueuse.*

LAPIN RÔTI À LA MOUTARDE

Pour 4 personnes
Préparation : 10 min • Cuisson : 45 min
Une portion contient environ : 230 kcal
Protides : 26 g • Lipides : 10 g • Glucides : 9 g

le râble et les pattes arrière d'un lapin • 2 grosses cuil. à soupe de moutarde forte • 1 cuil. à soupe de vinaigre • 1/2 cuil. à café d'herbes de Provence • 2 cuil. à soupe de cassonade • 3 cuil. à soupe de prunelle de Bourgogne (liqueur de noyau) • sel, poivre

1. Préchauffez le four à 170 °C (th. 5).
2. Coupez le lapin en 4 morceaux. Frictionnez-les avec les herbes de Provence. Salez-les et poivrez-les un peu. Mélangez la moutarde et la cassonade, badigeonnez-en le lapin.
3. Versez le vinaigre et la prunelle de Bourgogne dans un plat à rôtir. Posez-y le lapin. Couvrez d'aluminium ménager. Glissez au four et laissez cuire pendant 45 min.
4. Lorsque le lapin est cuit, posez-le sur un plat de service. Versez 10 cl d'eau bouillante dans le plat de cuisson et grattez avec une spatule en bois pour dissoudre les sucs. Versez en saucière et servez très chaud.

Au premier plan : lapin rôti à la moutarde.
À l'arrière-plan : pintade à la compote d'aubergines.

COMPOTE DE CHOU BLANC

Pour 4 personnes
Préparation : 15 min • Cuisson : 50 min
Une portion contient environ : 74 kcal
Protides : 5 g • Lipides : 2 g • Glucides : 9 g

700 g de chou blanc • 2 oignons • 3 grosses tomates • 50 g de jambon cru maigre • 20 g de beurre salé • 1 pincée de cumin • 1 cuil. à soupe de vinaigre de vin • 1 pincée de noix muscade • 2 pincées de semoule d'ail • 1 cuil. à café de fécule • sel, poivre

1. Retirez le trognon du chou et coupez celui-ci en lanières avec un grand couteau, puis lavez-les et égouttez-les. Épluchez les oignons et coupez-les en rondelles. Ébouillantez les tomates, pelez-les, hachez-les au couteau. Hachez également le jambon au couteau.
2. Mettez le chou, les tomates, les oignons, le jambon dans une marmite à pression. Salez et poivrez, ajoutez 3 cuillerées à soupe d'eau, le cumin, la noix muscade et la semoule d'ail. Mélangez. Fermez la marmite et laissez cuire pendant 45 min à partir du chuintement de la soupape.
3. Lorsque la cuisson est achevée, délayez la fécule avec le vinaigre, versez dans la marmite, mélangez et laissez bouillir 1 min. Versez le contenu de la marmite dans un plat, ajoutez le beurre et servez.

CONSEIL : *cette compote accompagnera fort bien des escalopes de dinde sautées ou grillées.*

PURÉE PROVENÇALE

Pour 4 personnes
Préparation : 15 min • Cuisson : 30 min
Une portion contient environ : 96 kcal
Protides : 2 g • Lipides : 4 g • Glucides : 13 g

500 g d'aubergines • 150 g de poivron rouge • 150 g de courgette • 2 grosses gousses d'ail • 150 g d'oignons • 1 pincée de thym séché • 1 cuil. à soupe d'huile d'olive • sel, poivre

1. Retirez le pédoncule des aubergines, pelez-les et coupez-les en deux, puis recoupez-les en tronçons. Rincez le poivron, retirez-en le pédoncule, les graines et les filaments blancs, coupez la pulpe en morceaux. Lavez la courgette et coupez-la en tronçons. Pelez les oignons et coupez-les en quatre. Pelez l'ail et coupez les gousses en deux.
2. Mettez tous les légumes dans le compartiment perforé d'un cuit-vapeur. Couvrez et laissez cuire pendant 30 min.
3. Lorsque les légumes sont cuits, passez-les au robot ménager pour les réduire en purée. Ajoutez le thym, l'huile, du sel et du poivre. Faites à nouveau fonctionner l'appareil pendant quelques minutes. Versez dans un plat et servez.

CONSEIL : *cette purée peut accompagner n'importe quelle viande ou volaille grillée ou encore du poisson poché ou grillé également.*

Au premier plan : purée provençale.
À l'arrière-plan : compote de chou blanc.

CHOU FARCI AUX CHAMPIGNONS

Pour 4 personnes
Préparation : 20 min • Cuisson : 30 min
Une portion contient environ : 170 kcal
Protides : 13 g • Lipides : 10 g • Glucides : 7 g

50 g de jambon cru maigre • **500 g de champignons de Paris** • **4 grandes feuilles de chou vert** • **2 échalotes** • **3 œufs** • **20 g de gruyère râpé** • **2 cuil. à soupe de lait en poudre** • **1 cuil. à soupe de jus de citron** • **1 pincée de noix muscade** • **1 cuil. à café d'huile** • **sel, poivre**

1. Épluchez et lavez les champignons ; coupez-les en lamelles. Pelez les échalotes et hachez-les finement. Faites cuire champignons et échalottes à feu vif, jusqu'à ce qu'il n'y ait plus de liquide. Salez et poivrez.

2. Plongez les feuilles de chou dans une casserole d'eau bouillante, laissez cuire 10 min. Égouttez-les, puis posez-les à plat sur un linge.
3. Préchauffez le four à 200 °C (th. 6). Hachez le jambon cru. Délayez le lait avec le jus de citron et 2 cuillerées à soupe d'eau. Ajoutez-le au jambon avec les œufs, le fromage et la noix muscade. Salez légèrement. Poivrez. Mélangez.
4. Huilez 4 moules à tartelette. Retirez la partie dure des côtes des feuilles de chou sur 2 ou 3 cm. Posez chaque feuille dans un moule. Ajoutez les champignons aux œufs, mélangez et répartissez entre les moules. Refermez les feuilles.
5. Enfournez, couvrez-les d'aluminium, laissez cuire 20 min. Démoulez avec une spatule large. Portez à table sans attendre.

MOUSSE D'ARTICHAUTS

Pour 4 personnes
Préparation : 10 min • **Cuisson : 20 min**
Une portion contient environ : 97 kcal
Protides : 4 g • Lipides : 5 g • Glucides : 9 g

400 g de fonds d'artichauts surgelés • **1 œuf** •
1 cuil. à soupe de crème fraîche • **2 cuil. à soupe
de lait en poudre** • **2 cuil. à soupe de jus de
citron** • **sel, poivre**

1. Mettez les fonds d'artichauts encore gelés
dans une casserole d'eau bouillante salée et
laissez-les cuire 20 min, jusqu'à ce qu'ils soient
tendres. Égouttez les fonds d'artichauts, coupez-les en morceaux et passez-les au robot
pour les réduire en purée.
2. Délayez le lait en poudre avec le jus de citron. Ajoutez-les dans le robot et faites à nou-

veau fonctionner l'appareil. Salez, poivrez.
Ajoutez l'œuf et la crème pendant que l'appareil fonctionne.
3. Versez la mousse dans un légumier et servez chaud avec du veau grillé, rôti ou poêlé.

PURÉE
DE COURGETTES VERTE

Pour 4 personnes
Préparation et cuisson : 25 min
Une portion contient environ : 54 kcal
Protides : 3 g • Lipides : 2 g • Glucides : 6 g

750 g de courgettes • 250 g d'épinards hachés surgelés • 1 gousse d'ail • 2 cuil. à soupe de persil plat haché • 10 g de beurre • 2 cuil. à soupe de fécule • 2 cuil. à soupe de jus de citron • sel, poivre

1. Pelez l'ail, coupez-le en deux. Ôtez les extrémités des courgettes, lavez-les, coupez-les en deux dans leur longueur, puis recoupez-les en tronçons. Mettez-les ainsi que l'ail dans le compartiment perforé d'un cuit-vapeur, couvrez et faites cuire pendant 15 min.

2. Pendant ce temps, mettez les épinards dans une casserole, couvrez et faites dégeler à feu doux.

3. Lorsqu'elles sont cuites, mettez les courgettes dans le bol du robot ménager et faites fonctionner l'appareil.

4. Délayez la fécule avec le jus de citron et ajoutez-la aux épinards. Laissez cuire 1 min en remuant. Ajoutez les épinards, le persil et le beurre à la purée de courgettes, salez et poivrez, mélangez, versez dans un plat et servez.

CONSEIL : *Présentez cette purée avec un poisson cuit au four.*

VARIANTE : *Vous pouvez remplacer les épinards surgelés par 300 g d'épinards frais.*

CAROTTES À L'ANIS

Pour 4 personnes
Préparation : 15 min • **Cuisson : 35 min**
Une portion contient environ : 117 kcal
Protides : 2 g • Lipides : 5 g • Glucides : 16 g

600 g de carottes • **1 cuil. à soupe d'huile d'olive** •
1 cuil. à dessert de graines d'anis vert • **3 cuil. à
soupe de vinaigre** • **1/2 citron** • **2 branches de
persil plat** • **gros sel, poivre**

1. Épluchez les carottes, lavez-les et coupez-
les en rondelles.
2. Versez dans une casserole 50 cl d'eau
froide, le vinaigre, l'anis vert et un peu de
gros sel. Faites chauffer le tout à feu vif. Dès
l'ébullition, jetez les carottes dans la casserole
et laissez cuire à feu doux pendant 25 min
sans couvrir.

3. Lorsqu'ils sont cuits, mais encore un peu
fermes, égouttez les légumes, puis versez-les
dans une sauteuse à revêtement antiadhésif.
Arrosez-les avec le jus du demi-citron, l'huile
d'olive et 5 cuillerées à soupe du jus de cuisson. Poivrez. Remuez, couvrez et laissez cuire
de 5 à 10 min à feu doux.
4. Hachez le persil. Versez la préparation dans
un plat, parsemez de persil et servez.

COURONNE D'ÉPINARDS

Pour 4 personnes
Préparation et cuisson : 50 min
Une portion contient environ : 245 kcal
Protides : 16 g • Lipides : 9 g • Glucides : 25 g

750 g d'épinards hachés surgelés • 50 g de semoule de couscous • 3 œufs • 2 cuil. à soupe de parmesan râpé • 1 pincée de noix muscade • 1 pincée de quatre-épices • sel, poivre • POUR LA SAUCE : 30 cl de lait • 1 tablette de bouillon de volaille instantané • 2 cuil. à soupe de madère • 1 1/2 cuil. à café de fécule • 1 pincée de curry

1. Préchauffez le four à 200 °C (th. 6). Mettez les épinards dans une casserole et laissez-les dégeler à feu doux. Ajoutez alors la semoule de couscous, couvrez et laissez cuire pendant 3 min.

2. Battez les œufs à la fourchette. Salez et poivrez, ajoutez la noix muscade, le parmesan ainsi que le quatre-épices, puis les épinards et mélangez soigneusement. Versez la préparation dans un moule à couronne antiadhésif. Enfournez, laissez cuire pendant 15 min.

3. Pendant ce temps, préparez la sauce : faites chauffer le lait dans une casserole, ajoutez-y le bouillon de volaille et mélangez. Délayez la fécule avec le madère et ajoutez ce mélange au lait bouillant, puis remuez pendant environ 2 min, jusqu'à ce que la sauce épaississe légèrement. Incorporez alors le curry. Goûtez et rectifiez l'assaisonnement.

4. Lorsque la couronne d'épinards est ferme sous le doigt, démoulez-la sur un plat de service, nappez-la de sauce et portez à table.

PLEUROTES AUX ÉCHALOTES

Pour 4 personnes
Préparation : 10 min • Cuisson : 20 min
Une portion contient environ : 105 kcal
Protides : 6 g • Lipides : 5 g • Glucides : 9 g

600 g de pleurotes • 5 échalotes • 2 gousses d'ail • 2 cuil. à soupe de persil plat haché • 1 cuil. à café de moutarde à l'ancienne • 1 cuil. à soupe d'huile d'olive • 1 cuil. à soupe de madère • sel, poivre

1. Ne lavez pas les champignons, mais essuyez-les avec un linge humide. Coupez-les ensuite en 3 ou 4 lanières dans le sens des fibres. Pelez l'ail et passez-le au presse-ail. Épluchez les échalotes, puis hachez-les.
2. Faites chauffer l'huile dans une sauteuse à revêtement antiadhésif. Jetez-y les champignons, l'ail et les échalotes. Faites cuire 5 min à feu vif, puis réduisez le feu, salez, poivrez et couvrez. Laissez cuire 15 min à feu doux en remuant de temps en temps.
3. Lorsque les champignons sont tendres, ajoutez la moutarde, le persil et le madère dans la sauteuse. Mélangez, versez dans un plat de service et portez à table sans attendre.

CONSEIL : *servez ces pleurotes avec des rognons grillés ou sautés, des côtes ou des escalopes de veau.*

PUDDING DE LÉGUMES

Pour 4 personnes
Préparation et cuisson : 1 h 15
Une portion contient environ :
205 kcal
Protides : 10 g
Lipides : 9 g
Glucides : 21 g

- **50 g de jambon cru, sans gras**
- **400 g d'aubergines**
- **400 g de courgettes**
- **250 g d'oignons**
- **150 g de tomates**
- **4 gousses d'ail**
- **3 œufs**
- **1/2 cuil. à café de thym**
- **1 cuil. à soupe d'huile d'olive**
- **sel, poivre**

1. Lavez les aubergines et les courgettes. Ôtez-en les extrémités, coupez-les en rondelles.

2. Mettez les aubergines ainsi que l'ail non épluché dans le compartiment perforé d'un cuit-vapeur. Laissez cuire 10 min. Ajoutez les courgettes et faites cuire le tout pendant encore 10 min.

3. Pendant ce temps, épluchez les oignons et passez-les au mixeur. Faites chauffer l'huile dans une casserole à revêtement antiadhésif et faites-y sécher la purée d'oignons pendant 5 min en remuant sans cesse.

4. Lavez les tomates, coupez-les en morceaux, passez-les au moulin à légumes, grille fine. Hachez finement le jambon. Faites chauffer le four à 200 °C (th. 6). Battez les œufs à la fourchette.

5. Ôtez l'ail du cuit-vapeur. Pressez sur l'une des extrémités des gousses d'ail pour faire sortir la pulpe et écrasez-la. Ajoutez l'ail, le thym, les oignons, la purée de tomate et le jambon aux œufs. Salez et poivrez. Mélangez.

6. Disposez les aubergines et les courgettes en couches dans un moule à soufflé, en les alternant. Salez et poivrez légèrement chaque couche.

7. Nappez du mélange aux œufs et faites pénétrer celui-ci en faisant des trous dans les légumes avec une fourchette. Glissez le moule dans le four et laissez cuire pendant 40 min.

8. Lorsque le pudding est bien doré, sortez-le du four et servez chaud dans le plat de cuisson.

CONSEIL : *n'hésitez pas à faire précéder ce pudding d'une entrée un peu substantielle (comme une soupe de poissons par exemple) et à terminer le repas avec une originale « tarte » aux pommes (voir p. 58).*

COMPOTES DE FRUITS VARIÉS

COMPOTE DE POMMES SOUFFLÉE
Pour 4 personnes
Préparation : 15 min • Cuisson : 50 min
Une portion contient environ : 132 kcal
Protides : 1 g • Lipides : 0 g • Glucides : 32 g

1 kg de pommes reinettes du Canada • 2 blancs d'œufs • 2 sachets de sucre vanillé • 30 g de sucre

1. Épluchez les pommes, coupez-les en quartiers, faites-les cuire à feu doux pendant 10 min. Écrasez-les à la fourchette. Ajoutez le sucre vanillé et laissez tiédir.
2. Préchauffez le four à 200 °C (th. 6). Battez les blancs d'œufs en neige ferme, puis incorporez-y le sucre en pluie en continuant à fouetter. Mélangez délicatement les deux tiers des blancs battus à la compote. Versez la préparation dans un moule à soufflé. Lissez la surface. Mettez 30 min au four.
3. Recouvrez alors le soufflé avec le reste des blancs d'œufs battus en neige, augmentez la température du four à 230 °C (th. 7) et laissez cuire encore 10 min, jusqu'à ce que la meringue soit bien dorée. Servez immédiatement.

PÊCHES À LA CRÈME DE FRAMBOISES
Pour 4 personnes
Préparation et cuisson : 15 min
Une portion contient environ : 86 kcal
Protides : 2 g • Lipides : 2 g • Glucides : 15 g

4 pêches bien mûres • 300 g de framboises fraîches ou surgelées • 2 cuil. à dessert d'amandes effilées • 1/2 citron

1. Pressez le demi-citron. Broyez les framboises au mixeur, ajoutez le jus de citron, puis versez la préparation obtenue dans 4 coupes à dessert. Pelez les pêches ; coupez-les en deux ; retirez les noyaux. Reconstituez les pêches et déposez-en une au centre de chaque coupe.
2. Faites blondir les amandes effilées dans une poêle à revêtement antiadhésif en les retournant délicatement à l'aide d'une spatule en bois.
3. Placez les coupes dans le réfrigérateur, jusqu'au moment de servir. Parsemez-les alors d'amandes grillées et portez à table.

◆ Hors saison, vous pouvez utiliser des pêches au sirop léger.

COMPOTE AUX TROIS DÉLICES
Pour 4 personnes
Préparation : 10 min • Cuisson : 15 min
Une portion contient environ : 60 kcal
Protides : 1 g • Lipides : 0 g • Glucides : 14 g

8 abricots • 2 pêches • 2 nectarines • 1 cuil. à soupe de miel • 1 cuil. à soupe d'alcool de prune • 1 pincée de vanille

1. Lavez les abricots et les nectarines ; coupez-les en deux et ôtez-en les noyaux. Recoupez les nectarines en deux. Pelez les pêches, coupez-les en deux et dénoyautez-les également.
2. Mettez les fruits dans une casserole avec le miel, la vanille et l'alcool de prune. Couvrez. Faites cuire à feu doux pendant 15 min.
3. Répartissez la compote entre 4 coupes et laissez-les 2 h dans le réfrigérateur. Servez glacé.

À gauche : compote de pommes soufflée.
Au centre : compote aux trois délices.
À droite : pêches à la crème de framboises.

COUPES DE PASTÈQUE, MELON ET GROSEILLES

Pour 6 personnes
Préparation : 30 min •
Réfrigération : 2 h
Une portion contient environ : 105 kcal
Protides : 2 g • Lipides : 1 g • Glucides : 22 g

1 petite pastèque de 2 kg • **1 melon de 1 kg** •
1 orange • **300 g de groseilles rouges** • **10 cl de**
vin de muscat blanc

1. Faites bouillir le muscat 5 min, puis laissez-le refroidir.

2. Coupez la pastèque en deux et découpez ses bords en dents de scie. Évidez la pastèque en coupant la chair en petits cubes. Gardez les 2 parties évidées de la pastèque dans le réfrigérateur.

3. Coupez le melon en deux, ôtez les graines et les filaments, puis taillez la pulpe en petites boules à l'aide d'une cuillère à racines. Lavez les groseilles ; égrenez-les.

4. Mélangez délicatement dans un grand saladier les morceaux de pastèque, les boules de melon et les groseilles.

5. Pressez l'orange. Arrosez les fruits du jus d'orange et du vin muscat. Laissez le saladier 2 h dans le réfrigérateur.

6. Répartissez la salade de fruits entre les deux écorces de la pastèque et servez.

COMPOTE VIGNERONNE AUX ÉPICES

Pour 4 personnes
Préparation : 15 min · **Cuisson : 15 min**
Une portion contient environ : 108 kcal
Protides : 0 g · Lipides : 0 g · Glucides : 27 g

2 pommes de 150 g · **2 poires de 200 g** · **200 g de raisin blanc** · **1/2 citron** · **1 cuil. à soupe de sucre** · **1 pincée de girofle en poudre** · **1 pincée de noix muscade râpée** · **1/4 de cuil. à café de cannelle en poudre**

1. Lavez et épongez le raisin, puis égrenez-le. Râpez le zeste du citron et pressez le fruit. Épluchez les pommes et les poires ; coupez-les en quatre ; retirez le cœur et les pépins, puis coupez la chair des fruits en petits cubes. Arrosez-les de jus de citron afin que leur chair ne s'oxyde pas.

2. Mettez tous les fruits dans une casserole à revêtement antiadhésif. Saupoudrez-les de cannelle, de noix muscade et de girofle ; ajoutez le sucre ainsi que le zeste du citron et mélangez le tout. Faites cuire à feu doux, sans couvrir, pendant 15 min. Remuez délicatement à l'aide d'une spatule en bois deux ou trois fois durant la cuisson. Versez la compote dans un plat creux et laissez refroidir.

CONSEIL : *servez éventuellement avec du fromage blanc lisse.*

« TARTE » AUX POMMES

Pour 4 personnes
Préparation : 15 min • Cuisson : 30 min •
Réfrigération : 2 h
Une portion contient environ : 108 kcal
Protides : 0 g • Lipides : 0 g • Glucides : 27 g

1 kg de grosses reinettes du Canada • 15 cl de jus
d'orange • 1 cuil. à soupe de miel • 1 cuil. à café de
jus de citron • 1 cuil. à café de gélatine en poudre

1. Préchauffez le four à 200 °C (th. 6). Tapissez le fond et la paroi d'un petit moule à manqué avec une feuille d'aluminium ménager.

2. Épluchez les pommes et coupez chaque quartier en deux. Rangez ces demi-quartiers dans le moule en les serrant le plus possible et en les faisant se chevaucher pour éviter les vi-des. Mettez au four et faites cuire de 25 min à 30 min. Les pommes doivent être cuites sans se défaire.

3. Versez le jus de citron dans une tasse et poudrez de gélatine. Mettez le miel et le jus d'orange dans une petite casserole et faites tiédir à feu doux. Ajoutez la gélatine, hors du feu, et mélangez jusqu'à ce qu'elle soit bien dissoute.

4. Lorsqu'elles sont cuites, arrosez les pommes de la préparation au jus d'orange. Laissez refroidir, puis laissez prendre au réfrigérateur pendant 2 h au moins.

5. Puis, 30 min avant de servir, retirez la tarte du moule, et ôtez l'aluminium par bandes en soulevant le dessert avec une spatule large ou une écumoire. Posez-le sur un plat. Servez à température ambiante.

COUPES
AUX FRUITS ROUGES

Pour 4 personnes
Préparation : 15 min
Une portion contient environ : 188 kcal
Protides : 12 g • Lipides : 4 g • Glucides : 26 g

400 g de fraises • **125 g de groseilles** • **125 g de framboises** • **400 g de fromage blanc à 0 % de matière grasse** • **2 œufs** • **40 g de sucre** • **1 cuil. à café de jus de citron** • **1/4 de cuil. à café de vanille en poudre**

1. Lavez les fraises ainsi que les groseilles et épongez-les. Équeutez les fraises, égrappez les groseilles. Coupez les grosses fraises en deux.
2. Cassez les œufs en séparant les blancs des jaunes. Versez le fromage blanc dans une terrine, incorporez les jaunes d'œufs et la vanille en poudre, puis battez au fouet à main.
3. Ajoutez le jus de citron aux blancs d'œufs, puis battez-les en neige ferme. Incorporez le sucre en pluie, tout en continuant de fouetter.
4. Ajoutez délicatement les blancs en neige au fromage blanc. Répartissez cette préparation entre 4 coupes à dessert. Parsemez de fraises, de groseilles et de framboises et servez.

CONSEIL : *choisissez un fromage blanc très lisse d'aspect et onctueux au goût.*

ANANAS ET CERISES AU KIRSCH

Pour 6 personnes
Préparation et cuisson : 25 min
Une portion contient environ : 109 kcal
Protides : 1 g • Lipides : 1 g • Glucides : 24 g

1 ananas mûr à point de 1 kg • **1/2 orange** •
500 g de cerises • **2 cuil. à soupe de kirsch** •
2 pincées de cannelle

1. Coupez le plumet de l'ananas avec un grand couteau, ainsi que la base du fruit ; posez celui-ci sur une planche placée au-dessus d'un grand saladier, puis découpez largement l'écorce, en laissant le jus s'écouler dans le saladier. S'il reste des « yeux », ôtez-les avec la pointe d'un couteau économe. Pressez l'écorce entre vos doigts, au-dessus du saladier, afin d'en récupérer tout le jus.

2. Coupez l'ananas en deux parties bien égales dans le sens de la hauteur ; ôtez la partie fibreuse centrale et coupez la chair en quartiers. Pressez la demi-orange.

3. Lavez et équeutez les cerises ; dénoyautez-les en les abîmant le moins possible et disposez-les au centre d'un plat.

4. Versez le jus d'orange dans une poêle à revêtement antiadhésif : placez-y les quartiers d'ananas et faites-les caraméliser très légèrement de chaque côté. Placez ensuite les morceaux d'ananas dans le plat, autour des cerises.

5. Faites bouillir le kirsch dans une petite casserole. Versez le jus d'ananas et la cannelle dans la poêle. Faites chauffer 2 min. Arrosez avec le kirsch, flambez et versez immédiatement sur l'ananas et les cerises. Servez aussitôt.

CONSEIL : *hors saison, utilisez des cerises en conserve au naturel ou faites dégeler 300 g de griottes surgelées avec 2 cuillerées à soupe de sucre.*

RAMEQUINS À L'ANANAS

Pour 4 personnes
Préparation : 15 min • **Cuisson : 35 min** •
Réfrigération : 2 h
Une portion contient environ : 170 kcal
Protides : 7 g • Lipides : 6 g • Glucides : 22 g

1 petit ananas de 750 g • **4 œufs** • **2 cuil. à soupe de fécule** • **2 cuil. à soupe de kirsch** • **2 sachets de sucre vanillé**

1. Préchauffez le four à 200 °C (th. 6). Préparez un bain-marie. Épluchez l'ananas, retirez la partie centrale dure et fibreuse, passez la pulpe au robot ménager.

2. Cassez les œufs dans une jatte, ajoutez le sucre vanillé et battez-les à la fourchette. Délayez la fécule avec le kirsch. Ajoutez ce mélange aux œufs ainsi que la purée d'ananas.

3. Versez cette préparation dans 4 ramequins, placez ceux-ci dans le bain-marie préparé, glissez au four et laissez cuire pendant environ 35 min.

4. Lorsque les flans sont cuits et dorés, sortez-les du four, laissez-les refroidir et placez-les 2 h au moins dans le réfrigérateur jusqu'au moment de servir.

Au premier plan : ramequins à l'ananas.
À l'arrière-plan : ananas et cerises au kirsch.